Mai Ball!
FUSSBALL IST SEXY!
Sora Inoue
HEY, MACH DOCH SCHNELL!
1. KICK: ICH KANN NICHT SAGEN, DASS ICH IN DICH VERLIEBT BIN!
MAI, DU ZITTERST JA...
I-ICH WEISS!
DAS HAST DU AUS MIR GEMACHT, KUNIMITSU ...
ÄH... J-JA...
GLEICH BEGINNT...
... MEIN SPIEL...

I N H A L T


**1. KICK:**
Ich kann nicht sagen, dass ich in dich verliebt bin! . . . . . 1

**2. KICK:**
Reikas Prüfung . . . . . 33

**3. KICK:**
Zaubere mir Mut! . . . . . 57

**4. KICK:**
Willkommen zum Mädchenfußballklub! . . . . . 83

**5. KICK:**
Mädchen unter sich . . . . . 103

**6. KICK:**
Spiel mit mir Fußball! . . . . . 124

**7. KICK:**
Die Liebe ist ein Weltkrieg! . . . . . 145


Sora Inoue

# Mai Ball!

## FUSSBALL IST SEXY!

1

* KIJIYAMA-NORD-OBERSCHULE

LABER
LABER
MAI …
H-HEY …
TAUMEL
ALLES IN ORDNUNG?
AH …
ES KOMMT …

ICH BIN JETZT...
... GANZ HEISS. ♡
WAAH
WAAH
AN EINEM APRIL-TAG.
MIAU ♪
MIAU ♪ MIAU

MIAU MIAU ♪
みち
PRRP
MEIN SÜSSES KÄTZCHEN ♪
みち
PRRP
REIB
REIB
PUUH.
FERTIG GEPUTZT!
JETZT HOLE ICH MIR MEINE BELOH-NUNG. ♡
KLONK

WUPP
ICH BIN GAAANZ GLÜCK-LICH. ♡
PLATSCH
ちゃぷ
PLITSCH
ちゃぷ
PLATSCH
SCHÖN, DASS ICH HIER UNGE-STÖRT BA-DEN KANN. ♪
PUUH
SST

FUSS-BALL...
DAS HAST DU ANGE-FANGEN?
JA! ES MACHT MIR SO VIEL SPASS!
ABER ICH BIN NOCH GANZ SCHLECHT.
ALSO MUSS ICH NOCH VIEL MEHR ÜBEN!
MAI, HILFST DU MIR?
ALLEINE KANN ICH NICHT ÜBEN.
BITTE!
ÄHM ...
JA, OKAY...
ABER ICH KENNE DIE REGELN NICHT.

PLINK
KEINE SORGE! ICH BRING'S DIR BEI!
G-GUT...
K-KANNST DU DANN...
TAPP
... BEIM NÄCHSTEN SPORTFEST...
... WIEDER FÜR MICH ZAUBERN ?
JA.
RAUSCH
KEIN PROBLEM!
ICH GEBE DIR..
... ALLES VON MIR.
KYAAAH!! KUNIMITSU, DU BIST HEISS!
...I ... MAI!
HE HE HE
PLATSCH

HALLO!
HÖRST DU MICH JETZT?!
PLAAATSCH
WOVON TRÄUMST DU DENN WIEDER?
M-MAMA!!
DU VERGISST IMMER DIE ZEIT.
KUNIMITSU WARTET AUF DICH!
KÖRPER-PFLEGE IST WICHTIG, ABER...
KUNI-MITSU STEHT SCHON VOR DER TÜR!
...
AAAAAAAH!!
DAS WEISST DU DOCH!
BIN GLEICH DA!
NICHT RENNEN!
PLATSCH

TAPP TAPP
TAPP TAPP
SORRY!
HAH.
KLACK
DASH
ACH, JA...
VIEL SPASS!
OH!
T-TSCHULDIGE, ICH BIN SPÄT.
KNAARZ
KEIN PROBLEM. DU HAST DOCH GEARBEITET.
AUSSERDEM WOHNE ICH GLEICH NEBENAN.
KUNIMITSU HASUGA, 15 JAHRE
HM?
W-WAS DENN?
SCHNÜFF
AUCH WENN IHR EIN GROSSES BAD HABT...

... MUSST DU NICHT VOR DEM SPORT BADEN, ODER?
DU SCHWITZT JA EH GLEICH WIEDER
KLACK
GROLL
DOBAMM
AUA!
EY, WAS MACHST DU DENN ?!
FRÜHER WARST DU EIN NETTES MÄDCHEN!
WAS GLAUBST DU EIGENTLICH, WER JEDEN MORGEN DEINEN SCHEISS MITMACHT?
JA, STIMMT SCHON.
STARR
KLACK
GUT!
FAHR ENDLICH LOS! WIR HABEN KEINE ZEIT!
JAJA, MACH ICH. KOMMANDIER MICH NICHT SO RUM!
TROTTEL!
BOFF

AUCH HEUTE BIN ICH WIEDER TOPFIT!
DU HAST JA SONST NIX, WORAUF DU STOLZ SEIN KANNST.
FRSCHHHHH
SCHNAUZE!
KLAMMER

BROS
URBAN SPORTS
TAPP
TAPP
WOW, IST DIE SCHÖN...
ER-RÖT

KLONK
TROPF
TROPF
PUUH
GUTEN MORGEN!
IHR SEID ECHT FRÜHAUF-STEHER!
JA, WIR WOLLEN WIEDER ÜBEN.
EIN PÄRCHEN SPIELT FUSS-BALL?
SOGAR SO FRÜH...
DIESER JUNGE...

VIEL SPASS!
DAS IST DOCH...
DANKE!
NEIN!
KUNIMITSU HASUGA!
ERRÖT
WAS FÜR EINE ÜBERRASCHUNG. ♡
ICH HÄTTE NICHT ERWARTET...
VERSTECK
... DASS ICH AN SO EINEM ORT...
... MEINEN PRINZEN SEHE!
SUPER, DASS ICH MEINE JOGGINGSTRECKE GEÄNDERT HABE. ♡
KICHER
KICHER
AAAAABER ...!
WER IST DIESE TUSSI...?
SOLLTE ER NICHT EIGENTLICH SINGLE SEIN...?
GLOOOTZ
WARUM KLEBT SIE WIE 'NE KLETTE AN IHM...?!
... AH!!

SIE IST SEIN FAN!
PLINK
KUNIMITSU HASUGA WURDE BEI DER JAPANISCHEN U15-MEISTERSCHAFT ZWEIMAL ALS BESTER SPIELER AUSGEZEICHNET!
HEUTE IST ER EINER VON DEN STAMMSPIELERN DES FC KIJIYAMA-NORD, EINES DER STÄRKSTEN U18-TEAMS JAPANS.
KURZ GESAGT, ER IST EIN FUSSBALL-GENIE...
... MIT EINER GROSSEN ZUKUNFT VOR SICH.
SEITDEM ICH SEIN SPIEL GESEHEN HABE...
... IST ER MEIN GROSSER HELD. UND DESHALB...
ファイト!!
POCH♡
... GEHE ICH IN SEINE OBERSCHULE, ABER...
EINE MANAGERIN?
BRAUCHEN WIR NICHT!
BRASSEL
SCHOCK

KNIRSCH
OBWOHL WIR AUF DIE GLEICHE SCHULE GEHEN…
… HABE ICH NOCH NIE MIT IHM GESPROCHEN…
WAU?
DABEI HATTE ICH ALLES SO GUT VORBEREITET…!
SHI SHI
ICH BIN BEREIT!
HAU AB!
HAH HAH HAH
TONK
TONK
HEUTE MÖCHTE ICH VERSCHIEDENE FLACHPÄSSE ÜBEN. ZUERST PASSE ICH ZEHNMAL ZU DIR!
OKAY!
HOPP
HOPP
PASS AUF DIE OPAS HINTER DIR AUF!
JA, KLAR!
SCHIESS EINFACH SO, WIE DU MÖCHTEST. ♡

WAS KOMMT NUN...?!
FLACHPÄSSE HABE ICH GEHÖRT...
HAH HAH
ABER NICHT HIER, ODER...?
DIE OPAS SIND GLEICH HINTER IHR!
公園は
みんなのもの！
FWUPP
KNACK
KNACK
HNF!
WOOOOOSCH
OH, NEIN!!!!

TOCK
POFF
STOPP
HÄH ..!?
WAS ?!!
NEE, ODER?! SIE HAT DEN BALL SO LEICHT AUFGE-HALTEN!
DAS WAR DER ERS-TE!
DER SCHUSS SAH SCHON ZIEMLICH STARK AUS...
KICK
TONK TONK

HMPF!
ES KANN DOCH NICHT SEIN, DASS ER BEI EINEM MÄD-CHEN...
...VOLLE POWER GIBT!
FWOOOOSCH
LINKS!
TOCK
...
KLONK
STOPP
DAS WAR VOLLE KRAFT?
JA.
CRAC
HÄÄÄÄÄH?!!

DU BIST ECHT STARK GEWORDEN, KUNIMITSU.
W-WER IST DIESE TUSSI ÜBERHAUPT ...?!
WIR MACHEN WEITER!
OKAY!
SIE NENNT IHN SOGAR BEIM VORNAMEN!
HFF...
DER ERNSTE BLICK...
DEN HATTE ER SCHON IMMER.
WIR ÜBEN SCHON SEIT ZEHN JAHREN ZUSAMMEN...
DASS ER JEDEN MORGEN HIER ÜBT...
... WEISS KEINER AUSSER MIR.
GIBT'S EIN MÄDCHEN, AUF DAS ER STEHT...?
FWOOOOSCH
BOFF

WIR SIND UNS SO NAH…
LIEBER SO…?
WIE KÖNNTE ICH IHM SAGEN, DASS ICH IN IHN VER-KNALLT BIN.
FWT
FWT
WAS BIN ICH FÜR DICH?
EINE SAND-KASTEN-FREUN-DIN?
MAI, HAST DU EINEN KRAMPF?
N-NEIN, KEINE SORGE!
DANKE, DASS DU IMMER MIT MIR ÜBST.
LEG DICH HIN. ICH MASSIERE DICH.
HÄH?

HEY…
I-ICH MAG MEINE BEINE GAR NICHT…
ACH, QUATSCH. DU HAST SCHÖNE BEINE!
STREICH
LÄCHEL
E-EHR-LICH?
SCHAU SIE DIR NICHT AN!
SST
KUNI-MITSU…
HNF
OH, HIER BIST DU RICHTIG VER-SPANNT.
KNET
AH!
DRÜCK
DRÜCK
KNET
STREICH
KNET
N-NEIN, NICHT DORT…
A-ABER…
… DU MACHST DAS RICHTIG GUT. ♡

HAH
HAH
HAH
HAH
HAH
HAH
ES IST SCHADE, DASS DU DEIN TALENT NICHT NUTZT.
PONK
PONK
HÄH?! W-WAS ?!!
ZUCK
MIST! ICH HAB WIEDER GETRÄUMT!!
DIESE TECHNIK UND DEINE FANTASIE…
DU WÄRST SICHER 'NE TOLLE SPIELERIN!
1-GEGEN-1!
SCHOCK
F-FANTASIE?!! H-HAST DU DAS BEMERKT …?!
UWAAAAH
NA, KLAR! DU SIEHST AN MEINER BEWEGUNG, WAS ICH DANN MACHE.
KOMM! SCHNAPP DIR DEN BALL!
DAS IST EIN GANZ WICHTIGES ELEMENT BEIM FUSSBALL.
AH!
DU MERKST OFT, WAS ICH NICHT MAL BEWUSST MACHE.
ZITTER
DANKE, DASS DU MICH SO POSITIV BESCHREIBST…
ZITTER

ZZAT
ZZAT
DAS KANN ICH EINFACH NICHT!
... WEISST DU DOCH, DASS ICH BEI WETTBEWERBEN IMMER SCHLECHT BIN!
AUS-SERDEM..
KNIRSCH
... HABE ICH NICHT MAL EIN SCHULSPORTFEST ÜBERSTANDEN.
OHNE DEINEN ZAUBER..
WO-RÜBER REDEN SIE?
... ZAU-BER?
STAPF
STAPF
D-DAS IST DOCH SCHON EWIG HER!
WARUM IST ER SO ROT?
JA ...

HE HE! REINGE-LEGT. ♡
HOPPLA
UWAH!
ACH, MANN...
KEINE CHANCE...
ICH KANN EH NUR...
... DEINE BE-WEGUNG SEHEN.
DAS WAR'S FÜR HEUTE.
SONST KOMMEN WIR ZU SPÄT.
JA, STIMMT!
TSCHÜSS, BIS MOR-GEN!
SCHÖNEN TAG!
TOCK
AUSSER-DEM...

... WAS DARAN SO SPASS MACHEN SOLL, EINEN BALL ZU TRETEN...
... VERSTEHE ICH ÜBERHAUPT NICHT...
KANN ICH HEUTE BEI DIR BADEN?
WENN ER MICH ANLÄCHELT...
DAS IST ECHT LUXUS!
... BRAUCHE ICH NICHTS MEHR.
JA, ABER DU BEZAHLST TROTZDEM.
ACH, NEE...
KLINGELING

"KIJIYAMA-NORD-OBERSCHULE.
"ES IST EINE DER BEKANNTESTEN SPORTORIENTIERTEN OBERSCHULEN...
"... DEREN BASEBALL-, FUSSBALL- UND KENDOKLUBS JEDES JAHR AM NATIONALEN WETTBEWERB TEILNEHMEN.
"ES WAR URSPRÜNGLICH EINE JUNGENSCHULE...
"ABER VOR DREI JAHREN WURDE SIE IN EINE GEMISCHTE SCHULE UMGEWANDELT.
"AUS DIESEM GRUND GIBT ES NOCH WENIG SPORTKLUBS FÜR MÄDCHEN...
"UND DIE, DIE BEREITS EXISTIEREN, SIND WEDER ERFOLGREICH NOCH WERDEN SIE POSITIV BEWERTET.
"IN DIESER SCHWIERIGEN LAGE...
"... ENTSTAND WIEDER EIN NEUER KLUB FÜR MÄDCHEN."

NEUE SPORTKLUBS FÜR MÄDCHEN
DRITTES PROJEKT
FÜR MÄDCHEN WURDEN JUDO- UND FUSSBALL-KLUBS NEU GEGRÜNDET! BEI INTERESSE MELDET EUCH BITTE UNTER:
OH!
EIN FUSS-BALLKLUB FÜR MÄD-CHEN?
SO WAS GIBT'S IN LETZTER ZEIT ECHT HÄUFIG.
WIEDER NEUE MÄDCHEN-KLUBS?
...
LÄCHER-LICH.
DIE LÖSEN SIE EH BALD AUF, WEIL ZU WENIG LEUTE KOMMEN.
NA JA, WIR HABEN IMMER NOCH WENIG KLUBS FÜR MÄDELS.
KUNI-MITSU, WAS IST LOS?
ÄHM, NA JA...
TAPP TAPP

DAS WÄR DOCH WAS FÜR DICH!
DU KÖNN-TEST...
NEIN!
ICH MUSS IM GESCHÄFT MEINER ELTERN HELFEN.
ALSO, VERGISS ES!
ICH SPIE-LE GENUG FUSSBALL MIT DIR!
LASS UNS GEHEN.
TAPP
TAPP

1. KICK: ICH KANN NICHT SAGEN, DASS ICH IN DICH VERLIEBT BIN! - ENDE

Mai Ball!
FUSSBALL IST SEXY!
2. KICK: REIKAS PRÜFUNG

EINS, ZWEI...
EINS, ZWEI...
PAMM PAMM
LOS, JETZT!
GADOSCH

IST ER SCHON WIEDER AM BALL?!
DER IST GANZ SCHÖN FLINK!
KUNI-MITSU, KOMM!
ZU-RÜCK!
DAS WAR'S, NEU-LING!
HOL IHN DIR!
TOCK
TOCK
TACK
ZZAT
FWOOOOSCH

DOMP
AH!
OKAY!
HASHI-MOTO!
WOOOOSCH
PAMM
SUPER KOPF-BALL!
GUTE FLANKE!
DIESER NEULING IST ECHT NICHT SCHLECHT.
VER-DAMMT…
ICH KONN-TE IHN NICHT STOP-PEN.
ER WAR DER BESTE SPIELER BEI DER U15-MEISTER-SCHAFT.
EINS
ZWEI
ICH FREUE MICH SCHON …
HMM
うんうん
… AUF DIESE SAISON…!
TCHIP
チュン
TCHIP
チュン
みやのゆ

GUTEN MORGEN!
MORGEN, ICHIGO! DU BIST SEHR FLEISSIG!
HE HE, DANKE. ♡
MAI TRAINIERT MIT KUNIMITSU, RICHTIG?
ÄHM, JA...
DAHER BIST DU HEUTE DRAN.
AH JA, DIE JUGEND...
...
TSCHÜSS!
UNGLAUBLICH, DASS SIE JEDEN MORGEN MITMACHT ...
OBWOHL SIE...
... ÜBERHAUPT KEIN INTERESSE AN FUSSBALL HAT.
K-KUNIMITSU ...?
ZZIIP

H-HEY, DIE OPAS KÖNNEN UNS SEHEN…
ZIIIP
KEINE SORGE, DIE DENKEN NUR AN IHR SPIEL…
UND ICH…
FUNKEL
… DENKE NUR AN DICH…
FUNKEL
MAI, SEI NICHT SO SCHÜCHTERN!
ICH HABE ABER DICKE BEINE, WEIL ICH MIT DIR FUSSBALL GESPIELT HABE…!
SCHAU SIE NICHT AN!
DANN MUSS ICH DIE VERANTWORTUNG TRAGEN.
DOMP
AH…
ICH WILL DICH…
KU-KUNIMITSU…

KOMM! ZEIG DEIN LINKES BEIN!
BADAAAM
NEEEEEIN!
LINKS? NEIN...
ABER ICH MUSS...
... DOCH NACH LINKS GEHEN!!
UAAH !!
FWOOOOSCH
HOPP
DUMM GELAU-FEN.
WIEDER NICHTS!
HAH
HAH
HAH
PONK
PONK
WIESO KLAPPT MEINE TAKTIK NICHT?!
WEIBLICHE INTUITION SOLLTE MAN NICHT UN-TERSCHÄT-ZEN!
SO'N QUATSCH!
KOMM! NOCH MAL!
SCHÖNES WETTER HEUTE.
RAUSCH

OH NEIN! EINE STUNDE IST SCHON RUM!
WIR MÜSSEN JETZT NACH HAUSE.
SONST MECKERT DEINE MUTTER.
ICH VERGESSE IMMER DIE ZEIT, WENN ICH MIT DIR ZUSAMMEN SPIELE.
KANN ICH WIEDER BEI DIR BADEN?
KLAR! DU BIST UNSER STAMM-GAST. ♡
KÖNNEN WIR LOS?
JA.
MOR-GEN!
HALLO!
BIS DANN!
JO!

蓮賀
日笠
SST
GUTEN MORGEN!
WIE GEHT ES DIR?

W-WIE GEHT'S...?
G-GUT, DANKE...
BEUG
ICH WÜNSCHE DIR NOCH EINEN SCHÖNEN TAG...
WAS WAR DAS ...?
ÄHM...
HASHIMOTO...
MORGEN.
NICHT SCHLECHT...
HEY, KENNST DU SIE?
NEE, EI-GENTLICH NICHT.
DAS EBEN HAT MICH ETWAS ÜBER-RASCHT.
NUR VOM NAMEN HER.
SIE IST GENAUSO BEKANNT WIE DU...
... WEGEN IHRES TALENTS.
REIKA HAKURAI... SCHON IN DER MITTEL-SCHULZEIT NAHM SIE IN MEHREREN SPORTAR-TEN AN NATIONALEN WETTBEWERBEN TEIL. DIE EINTRITTSPRÜ-FUNG DIESER SCHULE BESTAND SIE MIT DEN BESTEN NOTEN. DAZU KOMMT DAS PERFEKTE AUSSEHEN...
WEIL SIE SO ÜBERMENSCHLICH IST, TRAUT SICH KEINER AUSSER IHRER CLIQUE SIE ANZUSPRECHEN. TJA, GENIES SIND IMMER EINSAM.

GOTT SEI DANK KANNST DU NUR FUSSBALL GUT.
POFF
SCHNAUZE!
ABER WARUM IST SIE AUF DIESE SCHULE GEKOMMEN?
HIER GIBT'S KAUM SPORTKLUBS FÜR MÄDELS.
GERÜCHTEN NACH SOLLEN FAST ALLE NEUEN KLUBS EXTRA FÜR SIE GEGRÜNDET WORDEN SEIN.
JA, DAS HAB ICH AUCH GEHÖRT.
UND JETZT SPIELT SIE FUSSBALL.
DU KENNST DICH GUT AUS!
NEUGIERIG?
ACH, DAS WEISS FAST JEDER VON DER SCHULE.
LASS UNS GEHEN.
UND REIKA PRÜFT ...
... DIE ANFÄNGERINNEN...
JA, RICHTIG...
VIELE HABEN ES SCHON PROBIERT.
TAPP
ABER FAST ALLE SIND DURCHGEFALLEN.
TAPP

VERSTECK
BU-
BUMM
BU-
BUMM
PUUH
ICH HAB IHN GE-GRÜSST. ♡
GRAPP
1-C
KRITZ
KRATZ

DING DONG
PUUH, ENDLICH MITTAGS-PAUSE!
MAI, WOL-LEN WIR ZUSAMMEN ESSEN?
JA, GERN!
GA-RAANG

BLICK BLICK
キョロ キョロ
WOW, DIE IST ABER HÜBSCH!
SIE HEISST REIKA HAKURAI, KENNST DU SIE NICHT?
HOPPLA
POCH
N-NEE... IST SIE EIN MO-DEL?
STARR
SIE HAT IRGENDWIE DIE AURA EINER KÖNIGIN! IHR STEHT BESTIMMT SO EIN KOS-TÜM...
GE-HOR-CHE MIR!
HE HE
TRÄUM
ほわん ほわん
ICH KANN GAR NICHT AUFHÖREN WEITERZU-TRÄUMEN.
ICH BIN DEINE SKLA-VIN.
HEY, SIE KOMMT!
TAPP
ICH HABE DICH GE-SUCHT.
TAPP
PENG
PENG
PLINK
JA?

KÖNNTEST DU...
... MIT MIR FUSSBALL SPIELEN?
HÄ?
NACH DEM UNTER-RICHT
LABER
ガヤ
LABER
ガヤ
REIKA MACHT WIEDER 'NE PRÜ-FUNG!
MURMEL
ワイ
ECHT? LASS UNS ZUGU-CKEN!
MURMEL
ワイ

...
ÄHM...
もじ
SCHÜCHTER
もじ
SCHÜCHTER
ICH KANN KEIN FUSS-BALL...
ICH KENNE JA NICHT MAL DIE REGELN.
MURMEL
MURMEL
STELL DICH NICHT SO AN.
ODER MEINST DU...
... DASS ICH NICHT GUT GENUG BIN?
TOCK

N-NEIN!
AUSSERDEM SIND HIER SO VIELE MENSCHEN...
HÄH? ZUSCHAUER GEHÖREN ZU EINEM SPIEL.
J-JA, ABER ICH MEINE...
BUBUM BUBUMM
BUBUM BUBUMM
ICH WEISS ...
... DASS DU JEDEN MORGEN...
... MIT KUNIMITSU HASUGA TRAINIERST.
BUBUMM
BUBUMM
HÄ...?!
BUBUMM
BUBUMM
BUBUMM
BUBUMM
WOHER...
... WEISS SIE DAS?

LÄSST DU MICH REIN?
TSCHUL-DIGE.
WAS, SIE PRÜFT MAI?!!
ECHT ...?
I-ICH KANN NICHT...
ZITTER
NEIN...
ZITTER
SORRY, ICH MUSS UNBE-DINGT WISSEN...
... WAS DU DRAUF-HAST.
ICH WILL SEHEN...
... WER VON UNS BESSER IST!

BUBUMM
MAI...
NEIN... SO' NE ATMOSPHÄRE...
BUBUMM
BUBUMM
BUBUMM
DAS HALTE ICH GAR NICHT AUS...!!
... AUCH WEGEN...
... HASUGA-KUN...!
BUBUMM
JETZT GEHT'S LOS!
DASH
SIE SPIELT MIT IHM AUF GLEICHEM LEVEL!
KOMM...
ZEIG MIR, WAS DU KANNST!

TATAPP
HÄH?
PADAUZ
UOOOOH!!
おおー
OH, NEIN...
MAI...
あせっ
SCHWITZ

AUAUA...
ガチ
ZITTER
ガチ
ZITTER
WAS IST PAS-SIERT ...?
保健室*
* RUHERAUM

E-ENT-SCHULDI-GUNG…
にゃはは
HE HE HE
ICH HAB SCHLIMMES LAMPEN-FIEBER…
NEIN, ICH MUSS MICH AUCH ENTSCHUL-DIGEN…
ICH WAR ETWAS AUFDRING-LICH.
ET-WAS …?
WIE GE-SAGT, ICH KANN KEIN FUSS-BALL…
UND ES IN-TERESSIERT MICH AUCH NICHT.
ZUCK
GRAPP
RATTER
ICH HABE DICH IRGENDWIE FALSCH EINGE-SCHÄTZT.
HÄ?

ICH BIN WIRKLICH ENTTÄUSCHT. SOLCHE MÄDCHEN WIE DICH KANN ICH ÜBERHAUPT NICHT LEIDEN.
!
HÄ?
BIT-TE?
KUNIMITSU IST ZU GUT FÜR DICH.
IHR SEID SANDKASTENFREUNDE...
SST
ABER DAS WAR'S UND MEHR NICHT.
AB MORGEN ERSETZE ICH...
... DICH BEIM TRAINING.
KICHER ♡

2. KICK: REIKAS PRÜFUNG - ENDE

Mai Ball!
FUSSBALL IST SEXY!
3. KICK: ZAUBERE MIR MUT!

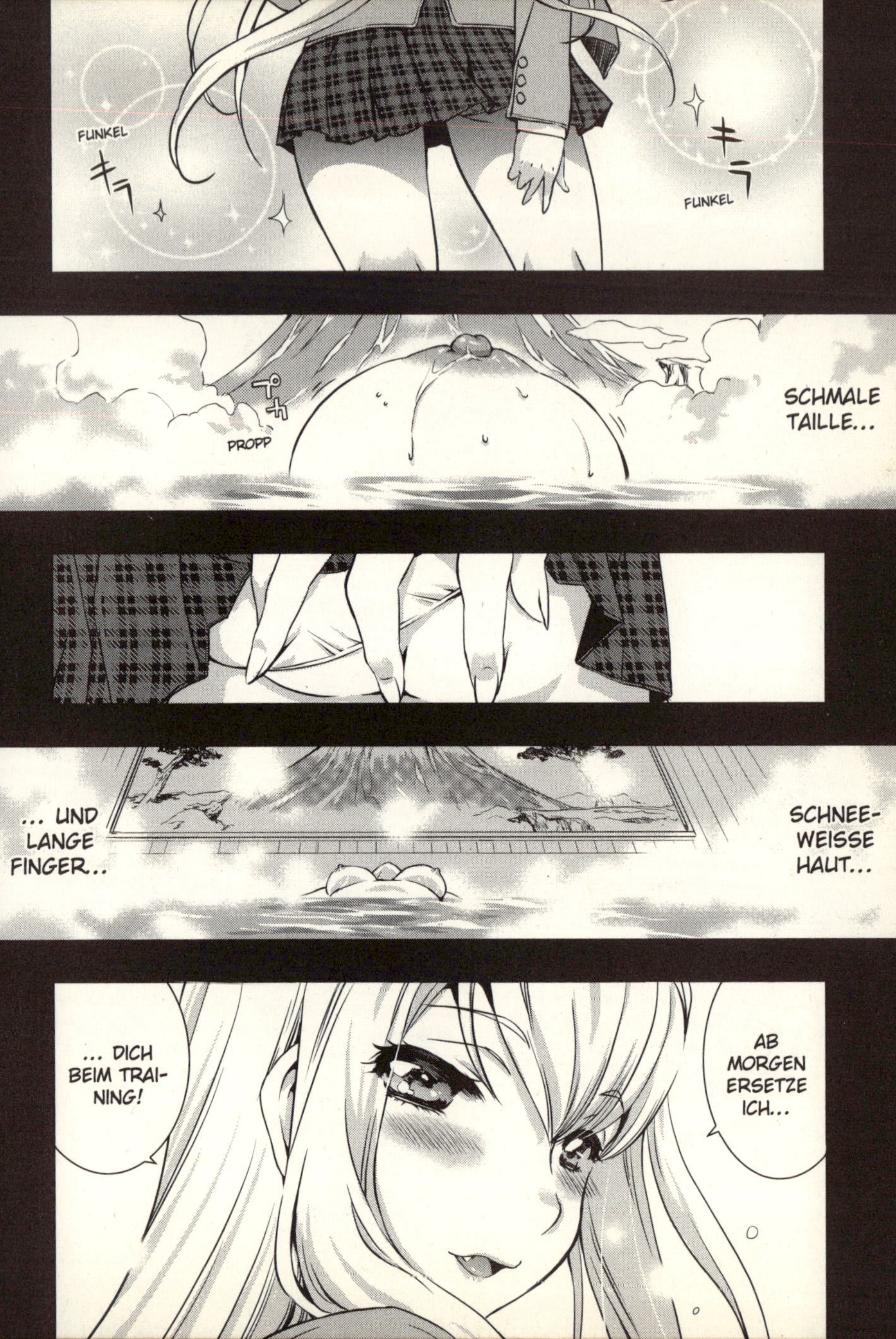
FUNKEL
キラ
FUNKEL
キラ
SCHMALE TAILLE...
PROPP
SCHNEE-WEISSE HAUT...
... UND LANGE FINGER...
AB MORGEN ERSETZE ICH...
... DICH BEIM TRAI-NING!

PLINK
PL-AAAÄTSCH
...
PATT
PATT
PATT

AAAAAAAAAAA
HGRA
TCHIP
TCHIP
G-GUTEN MORGEN, FRAU KIKUCHI...
WAU
WAU
GUTEN MORGEN, WIE GEHT'S?
WAR DAS MAIS STIMME?
TRÜBSELIG
MAI, WAS IST LOS?
DU KOMMST ZU SPÄT ZUM TRAINING.
HA HA HA
NORMALERWEISE BIST DU SOFORT NACH DEM FRÜHSTÜCK WEG.
ISS ENDLICH WAS!
SCHNAUZE...
HEUTE ...
SEUFZ
... GEH ICH NICHT HIN.
...
HAPPS
RATTER
KLONK

WAAAS?!
AAAH...
あああ・・・
DEINE WELT DREHT SICH NUR UM KUNIMITSU...
UND DU WILLST NICHT HINGEHEN?!
I-ICH DENKE AUCH AN WAS ANDERES!
GENAU DESHALB...
... IST ES SO SCHWIERIG...
PUUH
WENN ICH HÜBSCHER WÄRE...
SCHAATZ!
IMMER DASSELBE.
TAUMEL
ES GEHT JA DOCH NUR UM IHN...
KNAARZ
NA, ENDLICH.
HEY, WARUM TRÄGST DU SCHON DIE SCHULUNIFORM?
...

KULLER
ALLES GUTE!
HÄH?! WIE ...?!!
WARUM?!
DASH
LOS, HINTERHER! ES GEHT UM DICH!
GRAPP
HEY, ICHIGO ...!
AH!
WEGEN DER SACHE VON GESTERN...?
DASH
SO SCHNELL!
SCHRECK

GEGEN SIE HAB ICH EH KEINE CHANCE...
FRÜHER ODER SPÄTER HÄTTE ICH IHN EH VERLOREN.
ICH BIN JA NUR SEINE SANDKASTEN-FREUNDIN.
♪

PERFEKT. ♥
KLAPPER
HEUTE IST EIN SCHÖNER TAG!
ICH BIN RICHTIG AUFGEREGT!
おほほほ
OHO HO HO HO
SO HÜBSCH!
IST SIE EIN MODEL?
SIE HAT TALENT! ICH VERSPRECHE ES.
KANNST DU IHR...
... NOCH MAL 'NE CHANCE GEBEN?
ICH GLAUBE, DAS BRINGT NICHTS.
SIE WILL NICHT SPIELEN.
KOMMST DU MORGEN UM SECHS UHR ZUM KIJIYAMA-PARK?
SIE WIRD DICH NICHT ENTTÄUSCHEN.
POCH
BITTE?

SIE MUSS UNBEDINGT FUSSBALL SPIELEN!
ICH WARTE AUF DICH.
AH...
...
SCHÖN, DASS ER SIE SO SCHÄTZT.
KNACK
KNACK
NA, GUT. DAS IST EINE TOLLE GELEGENHEIT...
... IHM ZU ZEIGEN, WAS ICH WIRKLICH KANN!
HO HO HO! FÜR MICH IST NICHTS UNMÖGLICH!
KOMM·HER!!
WIRKT ABER SEHR HOCHNÄSIG.
DABEI IST SIE SO HÜBSCH. SCHADE ...
RAUSCH

JETZT BIN ICH WIEDER HIER...
DAS IST EIN BESONDE-RER ORT FÜR UNS BEIDE.
TONK
コッ
ICH KANN ES NICHT!

ICH HABE ANGST, VOR DEN LEUTEN ZU LAUFEN!
ICH HASSE DAS SPORTFEST!
MAI, KEINE SORGE!
ICH KENNE EINEN ZAUBER, DER DEINE ANGST WEGPUSTET!
GRAPP
EINEN ZAUBER ...?
JA, MEINE MAMA MACHT DAS AUCH FÜR PAPA.
DANACH HAT ER GANZ VIEL KRAFT!
ICH HAB'S GESEHEN.
W-WIRKLICH?
DANN MUSS ICH NICHT MEHR ZITTERN?
NEIN, GAR NICHT MEHR!
ALLE WOLLEN, DASS DU SCHLUSSLÄUFERIN DER STAFFEL WIRST ...
... WEIL DU DIE SCHNELLSTE BIST!

... JA...
GUT! DANN BLEIB RUHIG.
ERRÖT
HA HA...
...
OH, MANN! DABEI WAR ER VÖLLIG ERNST.
HINSETZ
UND ICH HAB'S SOGAR MITGE-MACHT ...
NEEEEIN
HEUL

WEISST DU WAS?
TAPP
サク
DU BIST ECHT 'NE HEULSUSE...
HIER HAST DU DICH VERSTECKT.
ぱぁ
POCH
DU RENNST VERDAMMT SCHNELL.
KEINER KANN DICH EINHOLEN!
SO WARM!
DREH
HÄH?
WARUM BIST DU GEKOMMEN?
FRÜHER HABEN WIR OFT HIER GESPIELT.
ABER JETZT KOMMEN WIR GANZ SELTEN HIERHER.

KOPF HOCH.
MAI, KEINE SORGE!
IMMER...
MACH DIR KEINE SORGEN!
ICH BIN IMMER BEI DIR.
AH...
BUBUMM
JA, DAS HAT ER JEDES MAL GESAGT...
... IMMER WENN ICH PROBLEME HATTE.
UND SO KONNTE ICH SIE ÜBERWINDEN.
DRÜCK

GRAPP
ギュッ
ICH HABE MIT IHM TRAI-NIERT...
... WEIL ICH BEI IHM SEIN WOLLTE.
DESHALB HABE ICH FUSSBALL GELERNT.
DIESE BEZIE-HUNG...
... MUSS ICH BE-SCHÜTZEN.
BUBUMM
ドキ
KUNI-MITSU ...
ドキ
BUBUMM
ICH WILL WEITER...
HM?
... BEI IHM SEIN!
KANNST DU...
ICH WILL IHN NICHT VERLIE-REN!
ZAU-BERN?

BUBUMM
KANNST DU WIEDER...
KLEB
D-DAMALS WAREN WIR NOCH KLEIN.
WIR HABEN DAS SCHON EWIG NICHT GEMACHT.
ABER ICH KONNTE NICHT...
PANIK
PANIK
BUBUMM
GESTERN ...
... HATTE ICH WIEDER EINEN BLACKOUT!
UGH ...
STIMMT...
DAS PROBLEM HABE ICH IMMER NOCH.
... FÜR MICH ZAUBERN?
BUBUMM

IN DER MITTELSCHULE HAB ICH DAS NICHT GEBRAUCHT...
... WEIL ES DA NUR UM SPASS GING, ANDERS ALS BEIM SPORTFEST DER GRUNDSCHULE.
SOGAR DIE ELTERN KAMEN.
ICH MUSS MEHR..
ICH WILL ...
... NOCH NICHT AUFGEBEN.
... AUF MICH VERTRAUEN.
NÄCHSTES MAL...
... WERDE ICH GEGEN SIE GEWINNEN!
ICH WILL IHN NICHT ENTTÄUSCHEN...!

IN DER MITTAGSPAUSE
SIE MACHT SCHON WIEDER 'NE PRÜFUNG.
MURMEL
MURMEL
MURMEL
ABER NOCH MAL MIT DEMSELBEN MÄDCHEN.
WIE? EINE REVANCHE?!
MURMEL
SIE HAT ABER MUMM!
WIE NERVIG.
SIE SCHEINT FÜR IHN ETWAS BESONDERES ZU SEIN.
HASUGA-KUN...
HAH
HAH
TONK
TONK
E-ENTSCHULDIGE! ICH BIN ZU SPÄT...
GLAUBST DU, DASS ICH SO WAS DURCHGEHEN LASSE?
VERZEI MIR!
...
ICH BIN RICHTIG SAUER!
GRNG

Gibst du ihr noch mal 'ne Chance? Ich bitte dich!
Schon okay...
Du kannst jetzt...
Danke!!
Brassel
Na gut. Ich zeige dir noch mal...
Brassel
Brassel
... dass ich viel besser bin als sie.
Schluck
Sie glüht.
Sie ist wütend.
So sauer war sie noch nie.
Kunimitsu Hasuga...
W-willst du wirklich...?
Frag so was nicht jetzt!
Das ist superpeinlich...
M-mir auch...
Bist du bereit?
H-hey, das ist doch bloss ein Zauber!
...
G-gut. Streck deine Zunge raus...
Los!

SO'N KOMISCHES GESICHT. ♡
LÄ-CHEL ♡

GRAPP
POCH
PLITSCH
SSLP

PUUUH
SCHMAAAATZ
M-MAI?
HAH
HAH
MAI...?
BUBUMM

FLATTER
H-HEY, SCHAU MAL!
HÄH?
BAMM
AHA...

BUBUMM
SCHNÜR
BUBUMM
BUBUMM
DIESE UNIFORM …
GRINS
DIESMAL SCHEINT ES DIR ERNST ZU SEIN.
EINE TURNHOSE ?!
MURMEL
GEIL!
MURMEL
SÜSS. ♡
EIN LOGO VOM BADEHAUS!
DAS IST EINE…
… ANDERE STIMMUNG!
3. KICK: ZAUBERE MIR MUT! – ENDE

Mai Ball!

FUSSBALL IST SEXY!

Mai Ball!

FUSSBALL IST SEXY!

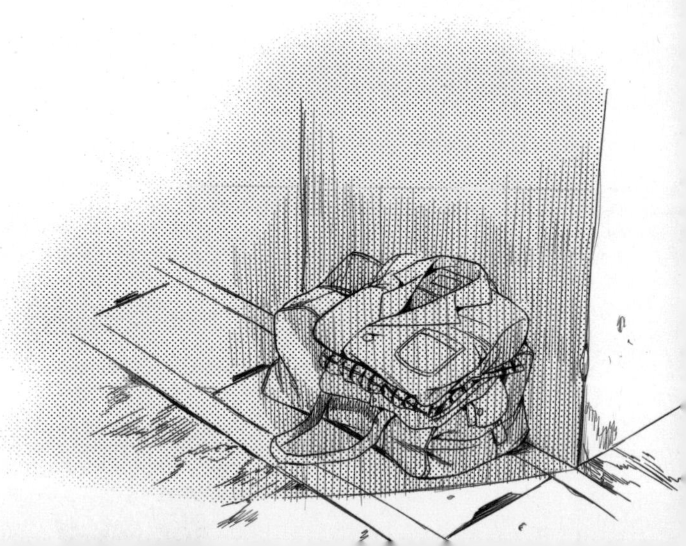

Mai Ball!
FUSSBALL IST SEXY!
4. KICK: WILLKOMMEN ZUM MÄDCHENFUSSBALLKLUB!

MURMEL
MURMEL
POCH
POCH
EINE TURNHOSE?!
KRASS …
MURMEL わい
MURMEL わい
WAS FÜR DIE SCHULZEITUNG!!
SÜSS.
BRASSEL
BRASSEL
BRASSEL
DAS IST ABER EIN KRASSES OUTFIT.
BRASSEL
BRASSEL

KIPP NICHT WIEDER UM.
ICH VERLASS MICH DARAUF.
FLATTER
GLÄNZ
GLÄNZ
DIESER BLICK... SIE IST GANZ ANDERS DRAUF.
PUUUH
HAAAH

DER ZAUBER WIRKT.
DIE ZUSCHAUER STÖREN MICH NICHT MEHR.
POCH
POCH
OBWOHL SO VIELE MICH BEOBACHTEN...
... ZITTERT MEIN KÖRPER NICHT.
DIESER KUSS WAR ANDERS...
... ALS DER AUS MEINER KINDHEIT.
AAH...
MMH
FANTASTISCH!
ICH FÜHLE MICH...
ZUCK
HIMMLISCH
ZUCK
... ALS WÄRE ICH IN SEINEN ARMEN. ♡

ZUPF
つん
ズゴゴゴゴ
BRASSEL
ZUCK
くね
AH
AH
くね
ZUCK
IST SIE AUFGEREGT?
BRASSEL
IRGENDWIE MERKWÜRDIG...
? ?
GUT! JETZT GREIFST DU MICH AN UND DANACH BIN ICH DRAN!
ZACK
ビシッ
SCHIESS EIN TOR!
BOFF
ポン
GLEICH SIEHST DU...
... DASS ICH EINE BESSERE PARTNERIN FÜR IHN BIN!
MAI, KOMM! GIB MIR DEINE HAND!
LOS, FANG MICH!
AHA HA HA
あはは
VERGISS DEINEN BALL NICHT. ♡
WARTE, KUNIMITSU! ♡
うふふ
HE HE HE
WAS FÜR EIN GLÜCKS...

... GE-
FÜHL...!
FWUPP
HÄ?
HÄH
...?
ZZAT
ZZAT
ZZAT
TONK
TONK

WAS...?
K...
RRRR
RAUSCHHH
KRAAAAASS!!
OOOOOOOOOH
WAS FÜR'N GEI-LES TOR!!
JUHUUUUU
WAS WAR DAS...?
EINE ART FINTE?
OOOOOOOOH
NOCH NIE GESE-HEN!
HÄH ?
SO SCHNELL !
HINSETZ

ÄÄÄÄHM, WAS HAB ICH...
... GE-RADE GE-MACHT?
WIE-DER GE-TRÄUMT.
SCHWITZ
SCHWITZ
SCHWITZ
SCHWITZ
OOOOOOOH
GANZ TOLL. ♡
BLICK
GEIL!
WUPP
SCHEINBAR HABE ICH EIN TOR GE-SCHOSSEN.
ICH MUSS NUR DAS MACHEN, WAS ICH IMMER MIT IHM TRAI-NIERE.
MIT DER ZAUBER-KRAFT...
... SCHAF-FE ICH DAS...!
ICH MUSS DAS SPIEL GEWIN-NEN.
WENN ICH DAS ÜBER-STEHE ...
... MUSS ICH SO WAS NIE MEHR MACHEN.

GRINS
BUBUMM
ZUCK
ZUCK
ZUCK
I-ICH MUSS MEIN BESTES GEBEN ...
... EGAL WER MEIN GEGNER IST!
PIEP
UN-GLAUB-LICH...
ICH KONNTE IHRE BEWE-GUNG NICHT VORAUSSE-HEN...
POCH
POCH
ABER ...
SO MACHT ES MIR RICHTIG SPASS. ♡
BAMM
JETZT BIN ICH DRAN!
ES STEHT EINS ZU NULL. WENN DU MEIN TOR VERHIN-DERST...
... HAST DU GE-WON-NEN!

OKAY!
?
OH, NEIN...
WIESO FREUE ICH MICH?!
あせっ
SCHWITZ
KOMISCH.
ABER IRGENDWIE GENIESSE ICH DAS.
NEE, SO'N QUATSCH !!
BOFF
NEIN
BOFF
NEIN
BOFF
SEIN ZAUBER WIRKT VIEL ZU STARK!
PENG
NEEEIN, ES HÖRT GAR NICHT AUF!
KUNIMITSU, ICH WILL NICHT WEG VON EUCH!
HEUL
WIEHER

KEINE SORGE, PRINZESSIN!
WUPP
ICH BIN IMMER FÜR EUCH DA!
WIRKLICH?! GEBEN SIE MIR TAUSEND KÜSSE...
OH, MEINE PRINZESSIN!
PLAFF
ICH GEBE EUCH MEINE KÜSSE... VOM KOPF BIS ZUM FUSS!
AAAAAAAAAH
AAH.
NEIN.
SSLP
SSLP

AH...
KYAAH! E-ENT-SCHULDI-GUNG!
OH, NEIN!
KRAAASS! NASEN-BLUTEN!
HÄH
NEEIN ...
BLICK
TRIEF TRIEF TRIEF
KABOOOM
GLOOOTZ

AUAUAUA...
ZZAT
DU BIST...
... WIRKLICH INTERESSANT.
AH ...

TAUMEL
おおカッコイイゾ
COOOOOOL!
POCH
GUCKT NICHT NUR ZU. HELFT MIR DOCH!
SCHWER...
WIR MÜSSEN SIE IN EIN ZIMMER TRAGEN.
UWAH!
HEY, HAT SIE BESTAN-DEN?
HOPP
ひょこん
H-HEY, SCHAU MAL!
MURMEL
ざわ
DAS SIND...
... DIE MÄDELS ...
SCHON VORBEI?
JUHU. ♥
... DIE REIKAS PRÜFUNG BESTAN-DEN HABEN!
TAPP TAPP
ゾロゾロ

ACH, DU...
... WILLST IMMER AUF-FALLEN.
SCHRRRRR
ENDLICH SIND WIR ZU ELFT.
PANG
PANG
KANNST DU INZWISCHEN DEN BALL AUF DEM FINGER DREHEN?
JA, VIEL ZEIT GE-HABT.
POCH
POCH
NEUGIE-RIG!
♪
WIR MÜSSEN SIE GLEICH WEGTRA-GEN!
TAPP
TAPP
KLICK
SCHÜCH-TER
ICH MUSS NOCH SPEI-CHERN!
KLICK
TAPP
HI HI... WIR SIND ABER NOCH NICHT ÜBERZEUGT!
TAPP
TAPP

DER MÄDCHEN-FC...
DU HAST VIEL ENER-GIE.
OOOH
KANN LOSGE-HEN!

VIEL-
LEICHT
MIT WAS-
SER?
KRASSES
GESICHT...
UND
?
SCHWER
ZU SA-
GEN.
... VON
KIJIYAMA-
NORD.

BITTE?
DARF ICH NICHT REIN...?
MACH DIR BITTE KEINE SORGEN. BEI UNS IST JEMAND, DER SICH MIT MEDIZIN AUSKENNT.
ENTSCHULDIGUNG, ABER DAS HIER DÜRFEN NUR MÄDCHEN BETRETEN.
SIE WERDEN SICH UM MAI KÜMMERN.
UND SIE HAT JA BLOSS NASENBLUTEN.
ÄHM, JA...
AUSSERDEM BEGINNT GLEICH DEIN TRAINING, ODER?

OKAY, ICH ÜBERLASSE SIE EUCH.
JA, VIEL SPASS. ♡
HASUGA-KUN...
PASS GUT AUF DICH AUF...
... DAMIT DU DICH NICHT VERLETZT.
DANKE, DIR.
CIAO!
BEUG
AUF WIEDERSEHEN.

4. KICK: WILLKOMMEN ZUM MÄDCHENFUSSBALLKLUB! - ENDE!

Mai Ball!
FUSSBALL IST SEXY!
5. KICK: MÄDCHEN UNTER SICH
女子サッカー部*
* MÄDCHENFUSSBALLKLUB
ÄHM...

WARUM BIN ICH NACKT?!

Mai Ball!
FUSSBALL IST SEXY!
5. KICK: MÄDCHEN UNTER SICH

KLACK
AH...
BIST DU AUFGE-WACHT?
LÄCHEL
ÄH... RE-REI-KA...?
POCH
WO BIN ICH DENN?
DAS ALTE SCHUL-GEBÄU-DE?
TAPP
DAS IST UNSER KLUBRAUM.
WIR HABEN EIN LEERES KLASSENZIMMER VOM ALTEN SCHULGEBÄUDE BEKOMMEN.
SCHÖN, ODER?
TAPP

ABER DAFÜR…
… SIEHT ALLES SEHR NEU AUS.
JA, NA KLAR!
GANZ EINFACH
ICH HABE ES RENOVIEREN LASSEN.
DOMP
AHA…
VER-STEHE.
ÄÄÄH?! DIE SCHULE HAT DAS FÜR DICH GEMACHT?!!
WEIL DU DIE BESTE SCHÜLERIN BIST?
NEIN, NATÜRLICH NICHT.
MEINE ELTERN HABEN DAFÜR BEZAHLT.
CRAC
S-SIE IST…
… AUS EINER SUPERREICHEN FAMILIE, DIE SOGAR ÜBER EIN SCHULGEBÄUDE FREI VERFÜGEN KANN…!
UNGLAUB-LICH!
WIE EINE MANGA-FIGUR!
EINE GANZ ANDERE WELT!
HIER, DEINE TASCHE UND DIE KLAMOTTEN.
WARUM HABT IHR EIGENTLICH SO EIN BETT?

VÖLLIG VERGESSEN.
ACH, JA! WARUM BIN ICH NACKT?
DAS FRAGST DU ERST JETZT?
DAS IST...
SST
... WEIL ICH DICH...
... NOCH BESSER KENNENLERNEN WILL.
VERSTECK
そそくさ
ACH, ICH BIN DOCH EIN LANGWEILIGER MENSCH...
DAS STIMMT NICHT.
SST
さす
OH, DU HAST ABER SCHÖNE BEINE!

HEY, ICH WILL NICHT!
LASS MICH LOS!
HÄH?
KLIRR
GATSCHACK
GATSCHACK
oh!
WAS ...?!!
BUBUMM
DU KOMMST NICHT WEG VON HIER. ♡
ÄÄH?!
ICH WILL DIR AUCH...
... ALLES VON MIR ZEIGEN.
UWAAH
ZEIG MIR MEHR VON DIR!
UWAAH

SST
ÄHM ...
LASS UNS ZU ZWEIT...
... SPASS HABEN!
KOMM. ♡
W-

WUNDER-SCHÖN...!
WAS...?
WAS IST LOS MIT MIR...?
WARUM HABE ICH...
... SO EIN KO-MISCHES GEFÜHL?
WIR SIND DOCH BEIDE MÄDCHEN.
SIE IST SOGAR MEINE RIVALIN!
SST
UND TROTZ-DEM...
... WILL ICH SIE UMAR-MEN!
SST
HE HE ♡
HÄH? WARUM MACHT SIE NICHT WEITER?
ICH MÖCH-TE SIE BERÜH-REN!
GATSCHACK
HE HE
GATSCHACK
AHA HA HA HA
ICH WILL DIESE BLUME PFLÜ-CKEN!
GAT-SCHACK

HO HO HO
WARTEEE!
RATTER
NEEEIN!
BLEIB BEI MIR!
KNAARZ
MURMEL
NEEEIN! REIKA, GEH NICHT WEEEEG!! ♡
BERUHIG DICH MAL...
PUUH
PUUH
HEEY...
DAS BETT WACKELT.
KNAARZ
KNAARZ
DU BIST RICHTIG ROT.
SST
HAST DU FIEBER?
UWAAAAAH!
NEIN, NEIN! KEINE SOR-GE!!
ZZAAAT
KYAAAH!
TATAPP
BUBUMM
IM TRAUM STEHE ICH SOGAR AUF FRAUEN...
ZIEH DIR LANGSAM DIE KLA-MOTTEN AN.
SONST ERKÄLTEST DU DICH NOCH.
BUBUMM
ICH HAB ANGST VOR MIR SELBST...

…
ICH WOLLTE MIT DIR REDEN.
ÄHM… HÖRST DU MIR ZU?
BAMM
MIT DER RIVALIN IN EINEM BETT… WAS FÜR 'NE AUFREGENDE SITUATION. ♡
AAAAAH
NEIN!
ES REICHT JETZT!!!
KUNIMITSU, VERZEIH MIR!
BAMM
BAMM
BAMM
AUSSERDEM…
WENN DU SO TOBST…
ARGH! NASENBLUTEN!!
SPLASCH
SIEHST DU?
WUSSTE ICH'S DOCH.
ICH BIN WIEDER DA. ♡
GARAANG
YUIKA, WARUM HAST DU SIE ALLEIN GELASSEN?
E-ENTSCHULDIGUNG…
ABER SIE HAT RUHIG GESCHLAFEN…
UND ICH MUSSTE AUF DIE TOILETTE.

HALLO, NOCH MAL!
YUIKA GEHÖRT AUCH ZUM TEAM.
UND SIE KENNT SICH GUT MIT MEDIZIN AUS.
FLATTER
WIE GEHT'S DIR?
D-DANKE...
KEINE SORGE, MIR GEHT'S GUT!
ENTSCHULDIGE, ICH HABE DICH AUSGEZOGEN...
... WEIL DU SO VIEL GESCHWITZT HAST.
ABER WARUM HAST DU DICH HINTERM LAGERHAUS UMGEZOGEN?
DU HAST DORT DEINEN ROCK VERGESSEN.
OH, IST SIE JETZT WACH?
REIKA, WIE GEHT'S IHR?
GARAANG
FLATTER
FLATTER
WER NICHT ZUM KLUB GEHÖRT, DARF NICHT IN DIE KABINE!
HER DAMIT!
HEY, MITSU!
DU MUSST VORHER IMMER ANKLOPFEN!

TAPP
TAPP
HEY, KANNST DU WIEDER AUFSTEHEN?
MIST!
KLICK
KLICK
SCHÜCHTERN
ZACK
UFF ...
NÄCHSTES MAL SPIELST DU GEGEN UNS!
GÄHN
ふあっ
ICH BIN KIRO INUKAI! LASS UNS ZUSAMMEN FUSSBALL SPIELEN!
DU HAST ECHT TALENT DAFÜR. ♡
KEINER HAT'S BISHER SO GUT GEGEN REIKA GESCHAFFT. ICH FREUE MICH MIT DIR ZU SPIELEN!
WAS IST JETZT LOS?
WAR DAS 'NE FINTE, DIE DU GEMACHT HAST?
DAS WILL ICH NOCH MAL SEHEN. ♡
SCHWITZ
HÄH? NOCH MAL? DAS HÖRT SICH NICHT GUT AN!
WENN ICH NOCH LÄNGER HIERBLEIBE, WERDE ICH MIT HINEINGEZOGEN ...
ICH MUSS MIR MEINE KLAMOTTEN ANZIEHEN.
UNTER DER DECKE?!
FLATTER
SST
WUPP
NICHTS WIE WEG HIER!!
FERTIG!!
OOOOOOOH
SUPERSCHNELL!

NA, DANN…
AUF BALD!
ZACK
スチャ
HEY, MOMENT MAL!
ICH MUSS NOCH MIT DIR…
HÄ?
VERSCHWUNDEN
NEIN…
SO SCHNELL…
DASH
ぴゅ
DA IST SIE!!
TOCK TOCK
SIE IST ECHT EIN-ZIGARTIG.
SCHON WEG!
HMPF! WIR SEHEN UNS WIE-DER!
OH, MANN …
GANZ SCHÖN VER-RÜCKT.

FÜR EIN FUSS-BALL-TEAM...
... BRAU-CHEN WIR NOCH EINE PERSON!
SCHWUNG
SONST KÖNNEN WIR NIRGENDWO SPIELEN.
ICH WILL MIT MAI ZUSAM-MENSPIE-LEN!
... REIKA?
PFF ...
UF ...
KAPI-TÄN?
SIE LACHT ...
UN-GLAUB-LICH.
HI...
HI HI...
HA HA...
AHA HA HA!
HAAAH...

ICH BIN...
... TOTAL KAPUTT.
MURMEL
PUUH
MURMEL
MURMEL
LEG
ICH VERSTEH IMMER NOCH NICHT...
... WAS AN FUSSBALL SPASS MACHEN SOLL.
KANN ICH SHAMPOO BEKOMMEN?
HOPP
JA, 300 YEN BITTE!
HIER, 60 YEN FÜR DIE MILCH. ♡
KLONK
DU WEISST DOCH, DASS SIE 100 YEN KOSTET!
GUTEN ABEEEND. ♡
TAPP
TAPP
HALLI-HALLO!
DA SEID IHR JA WIEDER, IHR ZWEI LUSTIGEN DREI!
WIR SIND DOCH ALLE DREI LUSTIG, MAIKO!
VERDAMMT!
JAJA.
UND ICH HEISSE MAI, NICHT MAIKO!

IDIOT! DIESEN NAMEN HAST DU VON DEM KERL GEKRIEGT, DER SICH UNSERE TRAUMFRAU, KYOKO, GESCHNAPPT HAT! DAHER NENNEN WIR DICH AUF KEINEN FALL SO!
UNSERE TRAUMFRAU
WIR MÜSSEN ABER WENIGSTENS DEINER MUTTER KYOKO RESPEKT ZEIGEN! DESHALB HEISST DU FÜR UNS MAIKO!
UND DER KERL
DOOOOOOOM
JA, GENAU!!
DU KANNST ZU UNS AUCH PAPA SAGEN, MAIKO. ♪
LÄCHEL♡
GEHT ENDLICH BADEN!
MURMEL
MUR-MEL
BIS NACH-HER!
HEY!
GIBT'S BALD WIEDER EIN BASEBALL-SPIEL?
KLAR! EINE RE-VANCHE!
PUUH
HIER VERÄNDERT SICH...
... GAR NICHTS.
WAAAAO!

GENAUSO WIE DAMALS...
... ALS ICH AUF DEM SCHOSS MEINER MUTTER GESESSEN HABE.
HIER IST EIN TREFFPUNKT DER LEUTE.
DAFÜR TRAINIERE ICH JEDEN TAG!
MUCKI
OOH!
BRZZ BRZZ
SEITDEM ICH KLEIN WAR...
... LIEBTE ICH DIESEN ANBLICK.
FÜR DIE ZUKUNFT DIESER STADT ...
... HABE ICH GENUG ZU TUN!
JA!
KEINE ZEIT FÜR FUSSBALL!
HIER SIND IMMER VIELE LEUTE DA.
OBWOHL DIE MEISTEN ALT SIND.
MURMEL
MURMEL
HALLO, GUTEN ABEN...

H-HAL-LO…
K-KUNI-MITSU…
ERRÖT
IST DEIN TRAINING SCHON VORBEI…?
JA… WIE GEHT'S DIR?
G-GUT…
KEINE SORGE.
…

5. KICK: MÄDCHEN UNTER SICH - ENDE

Mai Ball!

FUSSBALL IST SEXY!

Mai Ball!
FUSSBALL IST SEXY!
6. KICK: SPIEL MIT MIR FUSSBALL!

運賀*
SST
SST
GUT!
* HASUGA
ICH WAR SCHON LANGE NICHT MEHR IN SEINEM ZIMMER..
BUBUMM
BUBUMM
ABER WARUM WILL ER DAS...?
V-VIEL-LEICHT ...!
SCHOCK
TAPP
!
TAPP

HEY.
DIR SCHEINT'S JA...
... GUT ZU GEHEN.
AAAH.
NEIN!
DU BIST SO WILD.
FWUPP
FWUPP
HALLO, MAI!
BE-SUCHST DU KUNI-MITSU?
STOPP
KNACK
KNACK
J-JA...
HI HI HI! SIE IST SO SÜSS.
ICH LIEBE SIE.
WIRD WOHL HEUTE EINE BESONDERE NACHT FÜR DIE BEIDEN!

HI HI HI HI HI
JETZT WIRD ES SPANNEND!
OH, MANN...
SEI NICHT SO KINDISCH!
UND LACH NICHT WIE EINE ALTE HEXE!
ACH, ICH WILL NUR MEINEN SPASS HABEN.
ICH GEH MAL GUCKEN.
TAPP
HOFFENTLICH FINDET SIE AUCH BALD EINEN FREUND...
TAPP
KLONK
ES RIECHT NACH KUNIMITSU.

H-HEY, WAS WILLST DU DAMIT SAGEN?
STINKT ES?
SCHNÜFF
SCHNÜFF
NEIN, NEIN! DAS MEINE ICH NICHT!
SCHWITZ
PUUH HAH PUUH
MAI, BERUHIG DICH DOCH!
BUBUMM
BUBUMM
KOMM MAL RUNTER!
システムサッカー
イタリアサッカー
HIER IST ALLES GENAUSO WIE FRÜHER.
JAJA, ICH DENKE EBEN NUR AN FUSSBALL.
PONK PONK
EINSICHT IST DER ERSTE SCHRITT!

くにみつと
まいの!
* KUNIMITSU & MAI
DIESEN BALL…
… HAST DU IMMER NOCH!
ÄH… JA…
IR-GENDWIE…
WIR HABEN UNSERE NAMEN DRAUF GE-SCHRIE-BEN.
ABER IRGENDWIE WIRKT ER ETWAS KLEIN.
JA, DAS IST GRÖS-SE 4. ABER ERWACHSENE SPIELEN MIT GRÖSSE 5.
AHA.

DAVON WUSSTE ICH GAR NICHTS...
DAMALS...
... SAH DER BALL...
... NOCH RICHTIG GROSS AUS...
LASS UNS ZUSAMMEN FUSSBALL SPIELEN!
...
HAT DAS DUELL MIT REIKA SPASS GEMACHT?
HÄ?
W-WARUM FRAGST DU SO WAS?
ICH HABE MICH NUR...
... AN FRÜHER ERINNERT.
MEHR NICHT.

EIGENTLICH HAB ICH WÄHREND DES SPIELS NUR GETRÄUMT…
WAS ?
HÄ?
SCHWITZ
SCHWITZ
FURCHT-BAR
RAUSCHHH
ひゅ～
…
ALSO DOCH…
DU SIEHST GUT AUS …
… MIT DEM BALL IN DER HAND.
HÄH?!
WAS ER-ZÄHLST DU DENN SCHON WIEDER ?!
SO'N QUATSCH!
DAS IST FÜR MICH KEIN KOM-PLIMENT!
HIER!
BOFF
NEIN, ICH MEINE, DASS DU EINE AURA HAST!
DAS DARF EINEM STAR NICHT FEH-LEN!
MMH!

BUBUMM
S-SEHE ICH…
… WIE EIN STAR AUS?
AUAUA…
BUBUMM
PONK PONK
TOTAL ÜBER-TRIE-BEN!
SCHAU DIR MAL BAGGIO UND DEL PIERO AN!
SOLCHE STARS HABEN EINE BESONDE-RE AURA!
* KUNIMITSU & MAI
TONK TONK
AUS-SERDEM HAST DU KRÄFTIGE BEINE!
IDEAL FÜR FUSS-BALL!
SAG NICHTS MEHR!
'NE BELEIDI-GUNG?
HEY, ICH MEINE DAS DOCH GANZ ERNST!
ICH LIEBE ES, WIE DU FUSSBALL SPIELST.
POFF
ÄH …
MANN, ES REICHT!
WOZU HAST DU MICH EIGENT-LICH GERU-FEN!
SST

SPIELST DU...
... MIT MIR RICHTIG FUSSBALL?

LASS UNS ALLEN ZEIGEN...
... WAS WIR BISHER GEMACHT HABEN!
BIS ZUM ABSCHLUSS REICHT.
ICH WILL MIT DIR RICHTIG ZUSAMMEN-SPIELEN.

ABER DU HAST DOCH JETZT SCHON ERFOLG.
UND ICH HABE NIE RICHTIG GEÜBT.
DOCH.
NATÜRLICH HAST DU DAS.
DU HAST IMMER ZUSAMMEN MIT MIR TRAINIERT.
ALLE TECHNIKEN, DIE ICH KANN, SOLLTEST DU AUCH KÖNNEN.
DAS HAST DU SOGAR BEIM SPIEL GEGEN REIKA GEZEIGT.
MAI, DU SCHAFFST DAS!
ICH ERINNERE MICH AN NICHTS VOM SPIEL...
OBWOHL DU NOCH NIE IN EINEM TEAM GESPIELT HAST...
DREH
RICHTIG! FUSSBALL IST EIN TEAMSPORT!
ICH HAB NUR MIT DIR GESPIELT.
ALSO KANN ICH'S NICHT.
DOCH, DOCH!
POFF
HÄH?

ICH BRAUCHE DICH…
MAI…
DOMP
HÄ?
HÄÄH?

HEY, IST DAS DEIN ERNST?
DU MACHST DICH IMMER ÜBER MICH LUSTIG.
KUNIMITSU ...?
DU BIST HEUTE KOMISCH ...
AUSSER-DEM KOMMT VIELLEICHT JEMAND REIN...

AH...
クチュ
SSLP
ZAPPEL
ZAPPEL
PUUH
KUNI-
MITSU...
DU
BIST
GEMEIN
...

...
DU HÄNGST DICH MANCHMAL AUF, ODER...?
GLOTZ MICH NICHT SO AN.
AAH! NEEIN, KUNIMITSU!
BUBUMM
HAH
HAH
HAH
BUBUMM
POFF
AUTSCH
ICH ZWINGE DICH JA NICHT.
ÜBERLEG DIR, OB DU DAS MACHEN MÖCHTEST.
ABER ICH FREUE MICH NATÜRLICH, WENN DU JA SAGST.
KUNIMITSU ...
ZUCK
きゅぽん
MANN, WAS SOLL DAS DENN WERDEN?!!
DAS TAUGT NICHT ALS UNTERHALTUNG!
BAMM
SCHRECK
NUTZ DIE SITUATION DOCH!

EY, WAS WILLST DU DENN HIER?!!
WAU WAU
DU LANG-WEI-LER!
LANG-WEI-LER!
ICH GEH DANN MAL...
ES REICHT!
DU FUSS-BALL-IDIOT!
HAST DU ETWA GE-LAUSCHT?!
BEUG
SCHÖ-NEN ABEND ...
HALT'S MAUL!
PUUH
WARUM LIEBST DU...
... FUSS-BALL SO SEHR?
ES HAT MIR SCHON SPASS GE-MACHT...
BAMM
BOFF
ABER ICH VERSTEHE ES IMMER NOCH NICHT...
OKAY!
EINS-GEGEN-EINS!

OKAY!
PONK
HASUGA-KUN ...
HÄH?
TSCHIP
SCHÖNES WETTER HEUTE!
TSCHIP
ÄHM...
KOMM!
JA!
WAS IST LOS...?
ZZAT

PAMM
EINE FEINE BALLFÜH-RUNG!
ERST NACH RECHTS...
PAMM
UND DANN NACH LINKS!
TOCK
PANG
FWUPP
GEIL!
MIT RABONA VERTEI-DIGT!
ABER...
SST
LEICHT ZU DURCH-SCHAUEN!

AH!
TOCK
UNGLAUB-LICH! DABEI WAR ICH SUPERSI-CHER!
DAS WAR NICHT SCHLECHT. ABER EIN TUN-NEL WÄRE HIER BESSER GE-WESEN.
DANKE FÜR DEN TIPP!
ICH WERD'S MIR MER-KEN.
SCHWER ZU GLAU-BEN…
… DASS DU ERST SEIT ZWEI MONATEN SPIELST.
EIGENTLICH WOLLTE ICH JA EURE MANAGERIN WERDEN…
ABER DAS HAT NICHT GEKLAPPT. DESHALB …
WENN'S DICH NICHT STÖRT, MÖCHTE ICH WEITER MIT DIR TRAINIE-REN.
KOMM HER, WANN IMMER DU MÖCH-TEST!
JA, KLAR!
SCHOCK
DAS FREUT MICH. ICH DANKE DIR GANZ HERZ-LICH.
HA HA HA. DU BIST IMMER SO HÖFLICH.
TAUMEL
WIE GE-MEIN.
GANZ ANDERS ALS…

6. KICK: SPIEL MIT MIR FUSSBALL! - ENDE

来たれ！女子サッカー部
1-E
船来まで
ただし
品定目アリ
Mai Ball!
FUSSBALL IST SEXY!
7. KICK: DIE LIEBE IST EIN WELTKRIEG!

みやの
AHA HA
HE HE
LABER
LABER
LABER
DAS KANN DOCH NICHT WAHR SEIN ...!!!
AUTSCH.
NEIN, NEIN! MAI, DU MUSST STARK SEIN!
DU HAST DICH ENT-SCHIEDEN ZU KÄMP-FEN!
ZIEH

ICH MUSS GEWIN-NEN!!
AUUUU!
UND KÄMPFEN WIE EIN WOLF!
FWUPP
ICH SPIELE MIT!
SEIT WANN BIST DU HIER?
JA, KOMM!
AUU AUU
SCHON SEIT 'NER WEILE...
LASS UNS WIE-DER...
...EINS-GEGEN-EINS SPIELEN! LETZTES MAL MUSSTEN WIR JA UNTER-BRECHEN.
UGH...
DAS WAR ZU ERWAR-TEN...
GRINS
BUBUMM
LOS GEHT'S!
PLINK

KIPP BITTE NICHT WIE-DER UM!
NEIN.
KEINE SORGE!
HIER SIND KEINE ZU-SCHAUER! ICH SCHAFF DAS!
... WAHR-SCHEINLICH.
SST
ZZAT
AH!
PAMM
FWOOOOSCH

WUPP
!
SIE IST FLINK ...
... UND HAT EIN FEINES GESPÜR!
ZZAT
TAPP
TAPP
ICH HAB SCHON ERWARTET, DASS ICH NICHT SO LEICHT GEWINNEN KANN.
UWAAH
TOCK
TOCK
TOCK
GANZ ANDERS ALS KUNIMITSU ...
UND SIE SPIELT WIRKLICH GUT!
WUPP
ABER ICH HALTE SIE AUF.
IHRE INITIATIVE ENDET HIER!
ICH SCHAFF DAS!
FWUPP

HMPF!
SIE FÜHLT SICH GE-NERVT.
WUPP
TOCK
DREH
HÄH?
SCHWUNG
SEHR GUT! DER BALL LANDET WIE-DER DIREKT VOR IHR.
JETZT HAT SIE WIEDER DIE INITIATIVE UND VER-SUCHT...
... DEN BESTEN ABSTAND ...
... VON MAI ZU HALTEN.
WUPP
FWUPP
WIRL WIRL

SIE BEHERRSCHT SOGAR DEN ÜBERSTEIGER? TOLL!
ABER DEN TRICK BENUTZE ICH AUCH.
MAI KENNT DAS!
...
REIKA HAKURAI...
SO EIN HÜBSCHES MÄDCHEN HABE ICH NOCH NIE GESEHEN.
SELBSTBEWUSST UND ARROGANT... ABER TROTZDEM SEHR AUFMERKSAM.
SO JEMANDEN HAB ICH NOCH NIE IM LEBEN GESEHEN!
TOCK TOCK
ICH WILL NOCH MEHR ÜBER SIE WISSEN...!
ICH MACHE EIN TOR!

PAMM
FWUPP
UWAH!
TAPP
SIE HAT MEINE FINTE ERKANNT?!
TOCK
TOCK
TOCK

PAMM
FWACK
GE-
SCHAFFT!
HÄ?!!
WARUM
STEHT
SIE...
... IMMER
NOCH VOR
MIR?!

ZZAT
PATT
HMPF!
TRITT
AH!
UND SO-GAR …
OVER-HEAD-FLIP!
FWT

... DIREKT ÜBER IHREN KÖRPER!
PAMM
DIESEN BALL...!
FWACK
... HAT MAI...
... ÜBER-HAUPT NICHT ER-WARTET!

SCHUSS!
PONK
OH!
POFF
TOR!
OOH.
WOW.
KLATSCH
KLATSCH
MAI...
HÄH?
SCHOCK
SO EIN-FACH...
... LASSE ICH MICH NICHT AUF-HALTEN.

OH...
HÄH ?
ES MACHT MIR SPASS...!
わく
POCH
わく
POCH
SIE HAT ANDERS REAGIERT...
... ALS ICH'S MIR VORGESTELLT HABE...
EINS ZU EINS!
HNF!
SIE KANN ECHT NICHT VERLIEREN.
ICH HAB NOCH NICHT VERLOREN. ♡
JETZT MUSST DU MIR VERRATEN...
HATTE ICH IRGENDEINE MACKE?
... WIE DU MEINE BEWEGUNG VORHERGESEHEN HAST.
ZUCK
HÄ?
D-DAS WAR KEINE ABSICHT.
ICH MACH DAS AUTOMATISCH...
... WENN ICH ANDERE MENSCHEN SEHE...
...
TSCHULDIGE, WENN'S FÜR DICH UNANGENEHM WAR.

ACH, WIESO?
IST DOCH 'NE TOLLE FÄHIGKEIT!
MAI...
HÄH?
... UND REIKA.
DIE BEIDEN HABEN ...
... GROSSES TALENT!
SCHLUCK
ICH HÄTTE NICHT GEDACHT, DASS MAI SO GUT IST.
REIKA MUSS FÜRCHTEN, DASS IHRE TECHNIK ÜBERNOMMEN WIRD. DENN...
DAS WAREN NICHT NUR MEINE BEWEGUNGEN...

MAI MACHT AUCH REIKAS TECHNIK NACH...
... UND NUTZT SIE ALS EIGE-NE!
DAS HAT REIKA SOFORT ERKANNT.
FWACK
DIESE MÄDELS ...
... KÖNNEN'S WEIT BRINGEN!
HEY, REIKA...
J-JA?

ICH WILL MIT DIR REDEN.
DREI TAGE SPÄTER.
IN LETZTER ZEIT ÜBST DU FLEISSIG MIT REIKA.
JA, STIMMT ...

ER HAT JA KEINE AHNUNG!
HACH, ANSTRENGEND…
HÄH? WAS DENN?
NICHTS!
MIT IHR TRAINIEREN IST ECHT NICHT EINFACH.
ABER HINTER REIKA…
… STECKT MEHR ALS DER ERSTE EINDRUCK.
ANDERS, ALS WENN SIE VOR JEMANDEM STEHT…
AHA…
ER KENNT JA NUR IHRE CHARMANTE SEITE!
SEUFZ
MÄNNER…
ABER TROTZDEM..
… GEBE ICH NICHT AUF!
DIE LIEBE IST EIN KRIEG!!
MUCKI
IYAAAAAAH!!!
ICH SCHAFF DAS!
DU BIST JA SUPERMOTIVIERT.
UND? WOHIN WILLST DU JETZT?
掲示
地学やらないか!!
部員募集中だ!
DAS SIEHST DU GLEICH. KOMM EINFACH MIT!

JETZT SIND WIR DA!
KLOPF KLOPF
HÄÄH?! HIER IST DOCH…
WARTE, HIER DÜRFEN NUR MÄDELS…
HE-REIN!
* MÄDCHENFUSSBALLKLUB
HI!
GARAANG
WAAS?!!
AH!
HEY!
ÄÄH?!

GUTEN MORGEN, TRAINER! ♡
OOOH!
W-WAS IST LOS ?!!
ÄHM... WIESO TRAINER?
AH, JA...
くい くい
ZIEH
ICH HAB DREI TAGE GEBRAUCHT ...
... UM SIE ZU ÜBERRE-DEN.

WAS HAST DU GETAN...
KOMM!
J-JA...
... UM SIE ZU ÜBERZEUGEN...?
ANSTRENGEND...
MAI...
LASS UNS ZUSAMMEN...
... FUSSBALL SPIELEN!
* MÄDCHENFUSSBALLKLUB
DIE LIEBE IST EIN WELTKRIEG...
GRNG
JA, GUT! ICH SPIELE MIT!!
7. KICK: DIE LIEBE IST EIN WELTKRIEG! - ENDE

**MAI MIYANO**

GEBURTSTAG: 12. DEZEMBER
GRÖSSE: 158 CM
BRUST: 90CM TAILLE: 68CM HÜFTE: 89CM
BLUTGRUPPE: A

# Mai Ball!

**FUSSBALL IST SEXY!**

REIKA HAKURAI

YOKO ESUI

CHIDORI KAKIHA

## YUIKA MISHIRO

## KIRO INUKAI

## RINKA AOMI

## MAI MIYANO

# nächste Nummer

Vorläufiges Cover

**Ab November**